ANIMALES PRESA

Los puercoespines

SANDRA MARKLE

EDICIONES LERNER / MINNEAPOLIS

El mundo está lleno de PRESAS.

Las presas son los animales que los depredadores comen. Los depredadores deben buscar, atrapar, matar y comer otros animales para sobrevivir. Pero no siempre es fácil atrapar o matar a las presas. Algunas tienen ojos en los costados de la cabeza para poder ver a los depredadores que se aproximen en cualquier dirección. Otras son de colores para poder camuflarse y esconderse. Algunas presas pueden correr, saltar, volar o nadar rápido para escaparse. Y otras incluso pueden picar, morder o utilizar sustancias químicas para mantener alejados a los depredadores. *Los puercoespines de todo el mundo tienen armas en su propio cuerpo: pelos duros especiales, llamados púas y que son como agujas.*

Existen dos familias de puercoespines. Los puercoespines del Viejo Mundo viven en África, Asia, India y partes de Europa. Los puercoespines del Viejo Mundo, como estos puercoespines comunes, viven y comen principalmente en el suelo.

Los puercoespines del Nuevo Mundo viven en América del Sur y Central, la mayor parte de los Estados Unidos (excepto el sudeste) y en Canadá. Los puercoespines del Nuevo Mundo, como este puercoespín norteamericano, pasan mucho tiempo en los árboles.

Es fines de agosto en un bosque del norte de los Estados Unidos, el hogar de este puercoespín norteamericano macho. El puercoespín ha dormido todo el día en un roble. Cuando oscurece, desciende y sale en busca de un árbol que le da una de sus comidas favoritas. En el camino, siente el aroma de bayas maduras y sigue su olfato para encontrar este bocadillo. El macho es grande. Tiene el tamaño de un perro mediano robusto. Está armado con púas filosas, lo que lo hace tener pocos enemigos. Aun así, se mantiene alerta mientras permanece en el suelo mordisqueando las bayas.

El puercoespín ahora va hasta un pino en donde se ha alimentado antes. Clava sus uñas largas y curvas en las grietas de la corteza del árbol y comienza a trepar. La piel rugosa de la planta de las patas le ayuda a no resbalarse. Su cola, cubierta de cerdas rígidas, también ayuda. El puercoespín trepa hasta alcanzar las ramas delgadas y tiernas del árbol. Corta una rama con sus grandes dientes frontales que tienen forma de cincel. Estos dientes están recubiertos por una capa de esmalte extra resistente, que hace que sean lo suficientemente fuertes como para morder madera. Los dientes frontales tienen que crecer constantemente, pues roer las ramas y cortezas los desgasta.

El puercoespín oye un ruido y mira hacia abajo. Ve que hay un joven puma trepando hacia él. Un felino grande se enfrenta a un puercoespín cuando otras presas escasean. Un felino joven e inexperto como este no sabe lo que le espera. El puercoespín castañea los dientes. Como una advertencia más al puma para que lo deje solo, emite un chillido fuerte. Pero el joven puma sigue trepando por el árbol.

El puercoespín se prepara para defenderse. Presiona el vientre libre de púas contra el tronco del árbol. Las púas de la espalda, escondidas bajo los largos pelos que las protegen, se levantan. Es una reacción similar a la piel de gallina de las personas. De esta forma, queda armado con más de treinta mil púas. Se despliegan en todas las direcciones, desde las mejillas y la parte superior de la cabeza, por todo el lomo, hasta la cola.

El puercoespín macho emite un olor de advertencia. Los puercoespines tienen una medialuna de piel desnuda en la base del lomo, justo arriba de la cola. Allí hay unas glándulas especiales que emiten un olor fuerte, propio del puercoespín.

Pero el felino no presta atención a las advertencias del puercoespín. Generalmente, los pumas matan a los puercoespines haciendo que caigan de los árboles. A menudo, la caída mata al puercoespín. Si sobrevive, queda muy débil. Entonces el puma puede bajar del árbol, poner al animal boca arriba y morderle el vientre, que no tiene púas. Esta vez, sin embargo, el puercoespín ataca primero. Con la cola, le da un golpe al puma en el hombro. Las púas, filosas como agujas, se clavan en la carne del felino.

Con un bufido, el felino se retira rápidamente del árbol y huye. Sin embargo, no puede quitarse las púas. La punta de cada púa tiene escamas con forma de gancho. Cuando el puma se aleja, las púas se desprenden del puercoespín y quedan en la carne del felino. Cuando corre, cada movimiento de los músculos hace que las púas se incrusten más y causen dolor. En los días siguientes, las molestas púas se incrustan aún más. Muchas terminan por alojarse contra los huesos. Otras atraviesan músculos, perforan la piel y se desprenden.

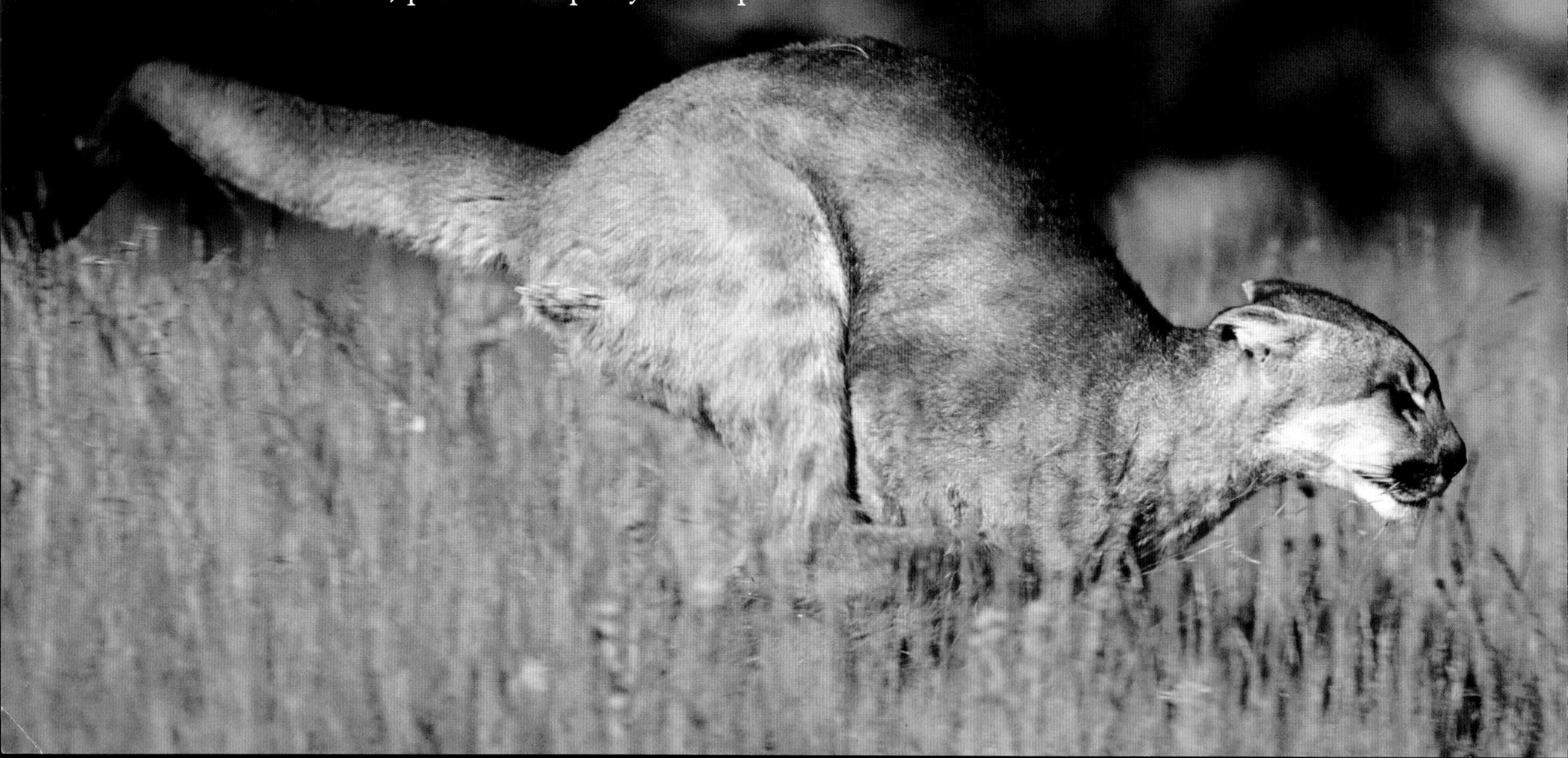

Ni las heridas de entrada ni las de salida se infectan. La piel del puercoespín produce una sustancia grasosa que recubre las escamas de las púas (*derecha*). Esta sustancia contiene una sustancia química que mata a las bacterias (gérmenes) que infectan las heridas. Pero el puercoespín no produce esta sustancia química para proteger a sus enemigos. Lo hace para protegerse a sí mismo. Los puercoespines pueden clavarse las púas accidentalmente si se caen de un árbol, si pelean con otro puercoespín para defender su territorio o si luchan para ganar una oportunidad de aparearse.

El puercoespín macho pasa las noches comiendo y los días, durmiendo pacíficamente. Hasta que un día, el macho detecta un olor especial en el aire. Es el olor de una hembra de puercoespín adulta que está lista para aparearse. El macho rastrea este olor hasta llegar al árbol en donde la hembra está durmiendo. Cuando comienza a trepar hasta ella, descubre que ya hay un macho rival en el árbol. Lanza un grito agudo y escalofriante para desafiar al otro macho. El rival le responde con otro grito. Los dos machos continúan esta competencia hasta que se encuentran frente a frente. Entonces, pelean mordiéndose y golpeándose con la cola. El macho rival es más joven y más pequeño, y finalmente se rinde. Los dos animales tienen púas clavadas en las mejillas y los labios ensangrentados por la pelea. El macho más grande echa al pequeño del árbol y gana la oportunidad de aparearse.

Si tiene la oportunidad, el macho se apareará también con otras hembras. Pero las noches se hacen más largas y más frías, así que pasa más tiempo comiendo. Cuando la cosecha de manzanas de un granjero está madura, el puercoespín expande su territorio para incluir la huerta. Se da un festín de manzanas y hojas. A veces, también le dan ganas de comer sal. Los puercoespines necesitan sodio, la sustancia química que se encuentra en la sal, para que su cuerpo funcione correctamente.

La mayoría de las plantas tienen muy poco sodio. Por eso, el puercoespín macho busca alimentos con un alto contenido de sodio. Entre estos se encuentran los nenúfares y otras plantas acuáticas (de agua). Las púas del puercoespín son livianas y esponjosas, como la espuma plástica. Lo ayudan a flotar mientras nada en búsqueda de un alimento rico en sodio.

No encuentra las plantas que necesita. Entonces, regresa a una fuente de sal que ha visitado antes: una cabaña cercana. La madera que ha sido manipulada por personas, absorbe la sal natural que hay en la piel de los humanos. El puercoespín trepa por una mesa que está afuera de la cabaña. Usa sus dientes con forma de cincel para raspar la madera salada del marco de una ventana que las personas abren a menudo con la mano.

Un día, cae nieve. El lanoso pelaje corto del puercoespín parece ropa interior para todo su cuerpo. Atrapa el calor del cuerpo junto a la piel. De esta forma, la nieve no se derrite sobre su lomo. Se acumula formando una especie de abrigo que ayuda a bloquear el viento. Se queda en el árbol hasta que las ráfagas de viento helado lo obligan a bajar. Luego se refugia en una guarida, un espacio natural en un área rocosa.

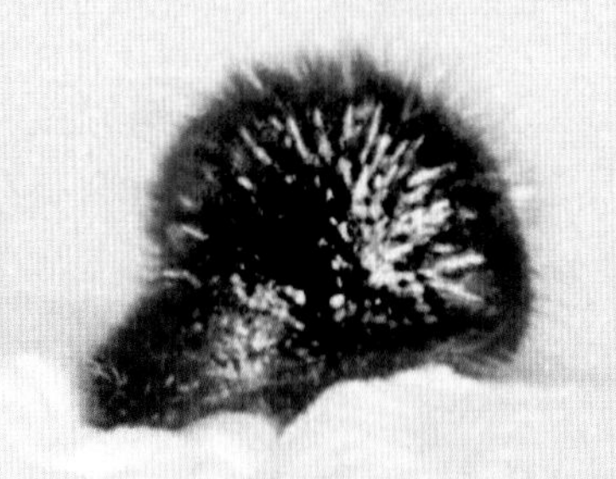

Un puercoespín no puede estar más de uno o dos días sin comer. Tan pronto mejora un poco el tiempo, deja la guarida. Sus patas son tan cortas que el vientre y la cola hacen un surco en la nieve. Se requiere mucha energía para viajar a través de la nieve, por lo que se dirige hacia un árbol que está cerca para buscar alimento.

En invierno, cuando no hay hojas, los puercoespines comen cortezas. Los abedules tienen una corteza externa que puede pelarse, haciendo que el puercoespín pueda llegar más fácilmente a la corteza interna, que es la parte que se come. Utiliza sus dientes filosos para quitar la corteza externa. Luego, extrae la tierna corteza interna.

Un día, el puma caza y mata a un ciervo en la parte del bosque que es territorio del puercoespín.

Cuando el puercoespín pasa por allí, sólo quedan pedacitos de carne congelada todavía adheridos a los huesos. No está interesado en el animal muerto, sólo siente curiosidad. No se da cuenta de que hay otro animal, una marta pescadora, en un árbol cercano.

La marta pescadora es carroñera, está a la espera de alimentarse de los restos del animal muerto. Cuando ve al puercoespín, se convierte en cazadora y baja a hurtadillas del árbol.

De repente, el puercoespín se encuentra cara a cara con la marta pescadora. Entonces emite un sonido de advertencia y gira el lomo cubierto de púas para apuntar al depredador. Pero la marta pescadora es rápida y se mueve para quedar de nuevo cara a cara con el puercoespín. La marta pescadora ataca y muerde al puercoespín en la cara. Cuando la marta pescadora se aparta violentamente, el puercoespín le vuelve a dar la espalda. Se aleja tan rápido como puede hacia el árbol más cercano. Pero la marta pescadora se interpone en su camino.

El puercoespín se aleja velozmente. Antes de que la marta pescadora pueda cortarle el camino de nuevo, un ruido llama la atención del depredador. Esto le da al puercoespín tiempo suficiente para escabullirse en un hueco al pie de un árbol cercano. Se queda allí, con las púas apuntando hacia afuera y con el rostro y el vientre vulnerables fuera del alcance del enemigo. Finalmente, la marta pescadora se rinde, come los restos del animal muerto y se aleja de allí.

El puercoespín pasa el resto del invierno buscando comida y evitando a los depredadores. Cuando llega la primavera, el bosque se llena otra vez de alimentos deliciosos. El principal objetivo del puercoespín es comer hasta saciarse. Mientras tanto, aunque él no lo sabe, la hembra con la que se apareó da a luz un pequeño macho.

Generalmente, los puercoespines tienen sólo una cría por vez. El pequeño macho tiene un tamaño similar a un perrito recién nacido. Nace con los ojos abiertos y con cuatro dientes frontales. También tienen una capa de pelo largo que lo mantiene caliente. Sus pequeñas púas, blandas al nacer, se endurecen en unas pocas horas. Después de su nacimiento, puede cuidarse por sí solo. Eso es importante porque las hembras dejan a las crías solas en el suelo. Las madres bajan de los árboles sólo cuando es hora de amamantar.

Pasarán algunas semanas antes de que las patas y garras cortas de la cría tengan el largo y la fuerza suficientes para poder trepar a los árboles, por lo que al principio explora el suelo. Nunca se aleja del árbol en donde su madre se está alimentando.

Cuando la madre baja de la copa del árbol, la cría se apresura a ir con ella para mamar. Cuando termina, la madre se queda para comer algunas hojas. La cría roe un poquito de esta comida también, antes de dormirse. Es así como comienza a conocer el gusto y el olor de los alimentos que en poco tiempo tendrá que buscar por sí mismo.

Un día, una marta pescadora viene a cazar mientras el puercoespín hembra está en el suelo con su cría. La hembra se apresura a subirse a un árbol muerto y gira para enfrentar al cazador. La marta pescadora se trepa a otra rama muerta y espera la oportunidad para atacar.

Mientras tanto, el macho joven corre hasta un árbol cercano. Se introduce en un agujero del tronco del árbol. Su color oscuro le permite mantenerse oculto. Se queda en el árbol hasta que la marta pescadora se rinde y se va en busca de una presa más fácil.

Apenas sus uñas son lo suficientemente fuertes, el macho joven comienza a treparse a los árboles. Pasará la mayor parte del tiempo en las copas de los árboles cerca de su madre. Cuando deje de mamar, comenzará a subir a ramas, o incluso árboles, que él mismo elija.

Para octubre, el macho joven ya se alimenta solo. Dentro de dos años alcanzará el tamaño de un puercoespín adulto y expandirá su territorio. Cuando tenga cuatro años, será lo suficientemente grande y fuerte como para luchar con un macho rival y ganar la oportunidad de aparearse. Luego, otra generación de puercoespines se unirá al ciclo de vida, una lucha constante entre depredadores y presas.

Retrospectiva

- Vuelve a mirar la fotografía de la página 9 y observa los dientes del puercoespín. Sus dientes están recubiertos por una capa de esmalte extra, una adaptación para poder roer madera. ¿De qué color es esta capa?
- Observa con atención el puercoespín de la página 17. ¿Qué hace este puercoespín para evitar caerse del árbol?
- Regresa a la página 29. ¿Por qué crees que el puercoespín se esforzó para asegurarse de que su lomo, y no su cara, enfrentara al enemigo? Si no estás seguro vuelve a mirar la página 27. El lomo del puercoespín es la parte que está armada con púas.

Glosario

CARROÑERO (EL): animal que se alimenta de animales muertos

DEPREDADOR (EL): animal que caza y se alimenta de otros animales para sobrevivir

GUARIDA (LA): refugio de un animal

MAMAR: proceso en el que las crías succionan las tetillas de la madre para obtener leche

PRESA (LA): animal que un depredador caza para comer

PÚA (LA): espina protectora dura y hueca.

TERRITORIO (EL): el área que un animal defiende de los intrusos

Más información

LIBROS

Art, Henry W. y Michael W. Robbins. *Woodswalk: Peepers, Porcupines, and Exploding Puff Balls.* North Adams, MA: Storey Publishing, 2003. Investiga el ecosistema boscoso de los puercoespines, los animales que viven allí y cómo cambia con las estaciones.

Green, Carl R., William R. Sanford Schroeder y Baker Street Productions. *The Porcupine.* Parsippany, NJ: Crestwood House, 1985. Esta es una introducción al ciclo de vida de los puercoespines.

Sherrow, Victoria. *The Porcupine.* Nueva York: Dillon Press, 1996. Este libro estudia las características físicas, los hábitos y el medio ambiente de los puercoespines.

SITIOS WEB

Native American Quillwork
http://www.native-languages.org/quillwork.htm
Descubre cómo los nativos americanos han utilizado tradicionalmente las púas de puercoespín para crear obras de arte, decorar sus ropas y hacer joyas. Sigue estos vínculos para saber cómo se preparan y se tiñen las púas con tinturas naturales.

What about Porcupines?
http://science-ed.pnl.gov/pals/resource/cards/porcupines.stm
Además de consultar información sobre los puercoespines, puedes explorar las actividades y seguir los vínculos a otros sitios con información adicional.

Índice

Con amor, a Noah Daniel Beckdahl

La autora desea agradecer a las siguientes personas por compartir su experiencia y entusiasmo: Dr. Uldis Roze, profesor emérito, Departamento de Biología, Queens College, Nueva York y autor de *The North American Porcupine* (Smithsonian Press); Dr. Richard Sweitzer, profesor adjunto, Preservación y Vida Silvestre, University of North Dakota; y Dra. Dominique Berteaux, catedrática de Investigación Canadiense sobre la Preservación de los Ecosistemas del Norte, University of Quebec en Rimouski. La autora desea expresar también un agradecimiento especial a Skip Jeffery por su ayuda y apoyo durante el proceso creativo.

Agradecimiento de fotografías

Las imágenes presentes en este libro se utilizan con autorización de: © Michael Quinton/Minden Pictures, pág. 1; © Tom and Pat Leeson/leesonphoto.com, pág. 3; © Tim Jackson/Oxford Scientific Stock Images/Jupiterimages, pág. 4; © Darrell Gulin/ CORBIS, pág. 5; © Chase Swift/CORBIS, pág. 7; © Gerry Ellis/Minden Pictures, pág. 9; © Daniel J. Cox/naturalexposures.com, págs. 10, 13, 24; © Dr. Uldis Roze, págs. 11, 17, 18, 31, 37; © Tom Brakefield/CORBIS, págs. 14, 26; © Dwight R. Kuhn, pág. 15; © Eileen R. Herrling/ERH Photography, pág. 19; © Tom Mangelson/naturepl.com, pág. 20; © Lynn M. Stone/ naturepl.com, pág. 21; © Thomas Kitchin & Victoria Hurst, pág. 22; © MARESA PRYOR/ Animals Animals - Earth Scenes, pág. 23; © D. Robert & Lorri Franz/ CORBIS, págs. 25, 27, 33; © Kitchin & Hurst/leesonphoto.com, pág. 29; © Robert E. Barber, pág. 32; © Gerard Fuehrer/ DRK PHOTO, págs. 34, 35; © Altrendo Nature by Getty Images, pág. 36. Portada: © D. Robert & Lori Franz/CORBIS.

La edición en español fue realizada por un equipo de traductores hablantes nativos del español de translations.com, empresa mundial dedicada a la traducción.

ediciones Lerner
Una división de Lerner Publishing Group, Inc.
241 First Avenue North
Minneapolis, MN 55401 EUA

Dirección de Internet: www.lernerbooks.com

Library of Congress Cataloging-in-Publication Data

Markle, Sandra.
[Porcupines. Spanish]
Los puercoespines / por Sandra Markle.
p. cm. — (Animales presa)
Includes bibliographical references and index.
ISBN-13: 978–0–7613–3897–0 (lib. bdg. : alk. paper)
1. Porcupines—Juvenile literature. I. Title.
QL737.R652M3718 2009
599.35'97—dc22 2007052652

Fabricado en los Estados Unidos de América
1 2 3 4 5 6 – DP – 14 13 12 11 10 09